La demeure incertaine

Evelyne Achard

La demeure incertaine

Poèmes
2007-2012

Éditeur : BoD-Books on Demand,
12/14 rond point des Champs
Élysées, 75008 Paris, France
Impression : BoD-Books on Demand,
Norderstedt, Allemagne
ISBN : 978-2-322-03922-7
Dépôt légal : novembre 2014

Du même auteur

Parole exilée (Evelyne Bautista),
Editions Saint-Germain des Prés, 1980.

Je me souviendrai de la mer,
La Bartavelle Editeur, 1995.

Les hirondelles du temps,
La Bartavelle Editeur, 2002.

Le marchand d'oublies,
BOD, 2008.

« Pour ma part, j'écris. Cet instinct monte en moi comme la sève dans l'arbre. »

Virginia Woolf,
Journal d'adolescence

2007

20 février

Le soleil
allume des étincelles
sur le bleu de la mer

Une toute jeune fille
joue sur la plage
avec un gros chien

Nous avons enterré mon père
il y aura six mois demain

12 avril

Un violent chemin
de dépossession
s'arrête au calvaire
d'un été impitoyable

Sur nos cœurs dénudés
souffle l'automne
et vient l'hiver

Mais un matin d'avril
l'innocente douceur
des feuilles enfantines
caresse nos regards

Au bord de l'eau
ta joie
éclaire nos visages

4 mai

Brève lueur
dans les ténèbres

Une vie
à cœur déployé

Quelle main magicienne
recueillera brin à brin
dans l'herbe matinale
de qui s'absente
les rires éparpillés ?

22 mai

Ce châle
doucement posé
sur tes épaules
dans la fraîcheur soudaine
d'un soir d'été

Ce châle
de laine rousse
et de chanvre mêlé

Cache au fil de ses mailles
une fine caresse
de soie bleutée

23 mai

Ils ont fleuri
les premiers coquelicots
de ton absence
et ta petite-fille
bien-aimée
en a fait des poupées

Est-ce toi qui as cousu
leurs petits jupons
de lumière sauvage
pour accompagner nos pas
dans l'Allée des Marronniers ?

24 juin

Solstice d'été

La mort creuse en moi
son sillon aveuglant

30 octobre

    Marée basse
    du petit jour

    Le jusant a découvert
    un trésor de coquillages

    Où chuchote
    l'océan intérieur

8 novembre

    Quelqu'un parle
    derrière les persiennes

    Est-ce toi qui m'appelles ?
    est-ce moi qui t'appelle ?

    Aux claires-voies de mes rêves
    rayonne ta présence

11 décembre

    Ils sont la vie renouvelée
    le vent joyeux
    qui nous bouscule
    le fol espoir
    d'un monde meilleur
    au creux de nos désillusions
    et aux sillons de nos chagrins
    le jeune sourire de la terre

14 décembre

Non
Il n'est pas temps encore
de prendre ce train
qui t'emporte si loin de nous

Attends un peu
je t'en prie

Attends de voir
au lieu-dit de l'amour

La petite mariée
de notre hiver

24 décembre

    Elles viennent
    du bout de l'horizon
    les vagues noires

    Inondant
    les vieilles vignes

    Abandonnant
    exsangue
    la sauvagine des marais

28 décembre

L'enfant blond
et son grand-père
ont entrouvert
la porte de la chambre

elle dort

Ils rient doucement
et repartent sans bruit

Matin de Noël

Est-ce toi qui as versé
la poudre d'or d'un rêve
sur les paupières
de ta bien-aimée ?

2008

12 février

Je marche dans le noir
les mains pleines de larmes
et de poèmes

Aux confins de la nuit
un souffle ténu
fait tinter les étoiles

27 février

N'écoute plus
ce chœur antique
dévoré de ténèbres

Fuis loin des mots acérés
qui te déchirent
loin des phrases gluantes
qui t'enserrent

Ecoute seulement
la parole de neige
qui te dit d'aller
ton propre chemin

11 mars

Au cœur des braises
sur la pierre nue
rougeoie encore
le mot *demeure*

Le mot *demeure*
brille toujours
sur la haute vitre
traversée de lumière

Comme un oiseau
au creux de ses grandes mains chaudes
frissonne
le mot *demeure*

26 mars

Je suis si fatiguée
de gravir l'obscure montagne
où sans fin résonne
l'écho de vos voix

Où est-elle
la transparence
qui reflètera enfin
nos visages amoureux ?

24 avril

Un bleu pâle
et glacé
baigne ton enfance

Un vent violent
a renversé
la céramique de tes pensées

Une sourde colère
soulève en silence
le grand corps de la mer

23 mai

Votre voix
est une vague
éclatant sur les rochers
une lumière
qui déferle
sur des villes blanches et ocres
et m'emporte
dans le poème
qui claque au vent des océans

28 mai

Il faut monter
marche après marche
jusqu'au sommet de la tour

Pour découvrir
au creux d'un vallon
l'humble ouvrage
des mots d'amour

13 juin

Onze ans après
le paysage oublié de Camargue

A fleur d'eau
les jeunes pousses des rizières

Le vol des sternes
et les yeux tendres des poulains noirs

Sur l'invisible rive
demeure ton sourire
en soleil obstiné

26 août

Je vis sans toi
comme ils vivront sans nous

le cœur soudain brisé
sur le fil d'une chanson

le cœur soudain léger
dans la douce compagnie
du marchand d'oubli

14 octobre

Il est parti
l'enfant blessé dans sa lutte avec l'ange

Il a posé les armes
le jeune homme fragile
au masque de guerrier

Pourquoi ?

Pourquoi nos mains
restent-elles impuissantes
à vous retenir ?

19 novembre

    Cet exil
    comme traces de pas
    laissées dans la neige profonde
    silhouettes
    glissant dans le brouillard
    et l'écho de nos voix
    à l'envers du silence

2009

10 février

Tu apparais
si jeune
et si joyeux
je reconnais tes yeux
tes mains
ta poitrine familière
et je me jette dans tes bras
comme autrefois
tu ne peux rester très longtemps
mais tu promets
de revenir souvent

Passager clandestin
des long-courriers du rêve
mon cœur
au petit jour
n'est-il pas tout brûlant ?

17 avril

    N'aurai-je écrit
    que pour survivre

    alignant inlassablement
    contre l'*Adversaire*

    mes petits soldats d'encre ?

12 mai

Nous ne savons pas quand
nous ne savons pas où
à travers quelle parole
quel regard
quelle couleur sur la toile
quel poème sur la page
quelle vague éperdue
s'élançant vers le bleu
ou quel champ de blé mûr
ondulant sous le vent

un instant la lumière
du Ressuscité
perce les ténèbres
et vient toucher
nos cœurs brûlants

6 octobre

    Venise
    somptueuse
    dans la lumière de septembre
    reflète au fil de l'eau
    les ors de ses palais

    Trente ans après
    nous nous perdons
    dans ses ruelles
    vieux amants que la vie
    n'a pas encore séparés

    Nous habitons toujours
    la demeure incertaine

10 décembre

    Tu marches à côté de toi-même
    ne sachant plus
    quel est ton nom

    La mort a scindé ton image
    jeté le trouble dans les visages
    et pulvérisé le décor

    L'amour seul
    délivre en toi
    ses sources de joie

2010

20 février

Ramasse le bois mort
des forêts archaïques

Emporte sur ton dos
le fagot de tes peurs

Allume le feu d'un poème

13 avril

Notre souffle
est en suspens

Notre peau
est la brève invitée
de la douceur du monde

Mais nous sommes liés
le corail l'écureuil
la fougère la source
le présent et l'absent

Par l'invisible fil
de sel et de vent

Le fil nu de l'amour
qui court
sur la voile du temps

29 avril

Je me souviens de ton rire sonore
de tes yeux noirs de guerrière farouche
de ton corps puissant
comme pétri dans la terre sauvage
de ton île

    Je me souviens
    cette nuit de décembre
    le berger d'argile rousse
    sa cape soulevée par le mistral
    tes premiers flocons de neige
    dans le ciel de Provence
    la vie s'ouvrant
    à nos vingt ans
    et à nos rêves

    Vacillantes lueurs
    des bougies aux fenêtres
    dans la nuit de décembre

De l'amour
ou de la mort
qui t'a brisée ?

18 mai

Quelle soif
me pousse
vers ta Parole ?

Quel désir
de toucher
à ta brûlante absence ?

Serait-ce seulement
l'insondable blessure
de notre finitude ?

Existes-tu, Seigneur ?

Es-tu la source
qui m'apaisera ?

Cette blessure
est-elle chemin vers toi ?

15 juin

Je cours
dans la nuit noire
fuyant la mort
qui lance vers moi
ses filets

Mais peu à peu
le jour se lève

Je reconnais
ces rues en pente

Un bateau
un amour
un orchestre de jazz

m'attendent sur le port

16 juillet

Rendez-vous d'amour
au plus haut de l'été

Quel prodige
a déjà dessiné ton visage ?

Quelles syllabes
composent déjà ton prénom ?

Tu gardes ton secret
au plus doux de l'été

19 octobre

    Vide de toi
    le peignoir en tissu éponge orangé
    décousu
    et tout usé
    que tu avais toi-même
    confectionné

    Désir soudain
    gorge serrée
    de m'y envelopper
    comme dans tes bras en allés

4 novembre

Tu es resté là-bas
de l'autre côté de la mer
et j'ai beau faire
et refaire
l'interminable numéro
mon appel
reste sans réponse

Saurai-je
un jour
m'abandonner
à la marée montante
de la lumière ?

10 décembre

Là-bas
sur l'incertaine rive
que dessine en mon cœur
la pure lumière de décembre
tu as eu quatre-vingt-neuf ans

Tu as retrouvé ton rire
l'éclat joyeux de ton regard
baigné d'enfance

Et tu chantes pour moi
Cucurrucucu paloma
ne pleure pas

17 décembre

D'où vient-il
le tout petit inconnu
qui porte dans sa paume
la trace de tant de rêves ?

Il a fait basculer nos vies
y déversant
d'un seul sourire
l'eau fraîche du jour nouveau

2011

25 janvier

Tu vis si loin
plus loin que les forêts du Liban
et les steppes de Mongolie
par-delà la muraille de Chine
et les îles de l'Océan Indien

Tu vis si loin
toi qui fus
mon tout-petit

Il te fallait
le vent du large
il te fallait défaire
nos amarres
il te fallait respirer
le parfum d'une fleur de frangipanier
dans les longs cheveux noirs

17 mars

Portant
sur ses épaules de silence
le poids sans cesse multiplié
de votre absence

Tenant
entre ses mains de vent
la fragile espérance d'un amour
plus grand que la mort

Le poème
laisse sur le sable
la trace fugitive
de ses pas de nuit

12 mai

J'attends un rêve
comme un ange
suivi d'un chien

Assise sur le rivage
où viennent se briser
tous les mots de la nuit
j'attends une barque
où joyeux me hisseront
l'ange et le chien

L'un à la proue
le nez dans les étoiles
l'autre la main sur mon épaule
pour apaiser le chahut de mes peurs
et moi faisant force de rame
sur l'imprévisible mer

Nous voguerions
tous trois
vers la lumière

14 septembre

    Transparence de la vague
    fraîche
    à mon corps malmené

    Transparence de ton regard
    refuge
    de mon cœur blessé

7 octobre

Un *bel horizon*
s'ouvre aujourd'hui pour cette ville
qui ne veut plus tourner le dos
à la mer

Sur les sentiers
de la promenade de Létang
entre les branches des ficus géants
résonnent les rires
des jeunes gens

Mais moi
c'est ton visage que je vois
ton enfance malmenée
ta jeunesse saccagée
ton sourire
ton regard noyé

Toi qui demeures
en terre étrangère
si loin
du rivage aimé

15 novembre

Ne suspends pas tes mains

A l'heure où la nuit
recule

Il te faut engager le combat

Au lieu-dit
de l'écriture

2012

4 février

Une plume de cygne
flotte sur la mer

Signe de plume
sur l'eau du rêve

Grâce en suspens
au fil de l'encre

Tandis que brûlent
d'anciennes colères

14 mars

Comme jour
couleur d'orange

Comme lune
sur l'horizon

Ronde est la joie
qui danse au creux de toi

21 mars

Est-ce donc toujours ainsi
que les hommes vivent ?

Effaçant en une seconde
le visage aimé d'un enfant

Eteignant sans remords
l'univers des possibles

Où bruissait
l'inespéré

27 mars

Bohème va mourir

Ce n'est rien
qu'un petit être de passage

Boire encore
l'innocence de ses yeux

Caresser encore
sa tête si fragile

Entendre encore
son ronronnement généreux

Bohème va mourir

Ce n'est rien
qu'un petit chagrin de passage

22 mai

La mère
la mère toujours recommencée
éternel retour de l'amer
où vient battre la tristesse
au vent mauvais de tes marées

Echo sans fin du désamour
de celle qui te porta
te mit au monde
te nourrit
celle dont tu buvais
dans le regard d'acier
la désapprobation fondatrice

Etrange soif
que rien n'étanche

Mirage de sel
à l'horizon de tes attentes

26 mai

    Jour après jour
    tu as existé
    arrachant des lambeaux de tendresse
    aux griffes
    des roses sauvages
    pour tisser le seul abri
    qui résiste à la nuit

20 septembre

Comment croire
que tu es couché
sous cette pierre
toi qui brûlais
de si ardente vie ?

Toi dont le fol
et tendre amour
irrigue encore
nos veines

Les enfants
de nos enfants
ne te connaissent pas

Les connais-tu ?

21 septembre

Déchirante lumière
des vagues de septembre
impuissantes
à retenir l'été

Troublantes lueurs
des vagues de la mémoire
où vivent
tous les étés

16 octobre

    Les oiseaux des hasards
    rassemblés dans cette chambre

    Une phosphorescence
    au creux de ton sommeil

    Le sourire complice
    de ces deux jeunes mortes

    irradiant
    tous les matins du monde

18 octobre

Sur la tombe blanche
l'or passager
d'un bouquet de crocus

Un surcroît de sève
afflue dans mes veines
en ce début d'automne

C'est l'or innocent
de l'amour
qui ignore les saisons

15 novembre

La naïve monnaie
du ginkgo biloba
jetée à profusion
dans l'herbe du jardin

comme une averse de lumière
sur nos chagrins